Frank Mangelsdorf (Hg.)

EINST UND JETZT
NATIONALPARK UNTERES ODERTAL

TEXT
Hans-Jörg Wilke

Märkische Oderzeitung

FOTOS

Hans-Jörg Wilke – alle Fotos, außer: Michael Voigt (S. 19), Anglerverein OG Schwedt 1922 e. V. (S. 47), Elke Englert (S. 35, 45, 49, 51), Aerophoto Luftbild (S. 53), Jörg Brodersen (S. 91), Detlef Fährmann (S. 97)

HISTORISCHE AUFNAHMEN

Hans-Jörg Wilke (S. 28, 30, 32, 66, 68, 94), Wasser- und Schifffahrtsamt Eberswalde (WSA Eberswalde) (S. 6, 10, 14, 22, 24, 38, 54, 56), Renate Somann (S. 8), Karla-Diana Görlitz (S. 12), Torsten Freyhof (S. 16, 26, 40, 42, 72, 74), Ilse Gütte (S. 20), Brigitte Feuereisen (S. 34, 36, 44, 70), Friedrich Springer (S. 18), Gunter Freyhoff (S. 46, 84), Heinz Falkenberg (S. 48), Lutz Libert (S. 50), Schwedter Stadtmuseum (S. 52, 86), Hermann Nase (S. 60, 62, 64), Erika Paul (S. 58), Heimatkreisarchiv Königsberg in Bad Freienwalde (S. 76, 78, 80), Gesellschaft zur Rettung des Störs e. V. (S. 82), Gisela u. Georg Griep (S. 88), Hartwig Ruthke (S. 90), Archiv Nationalpark (S. 92, 100), Bernhard Grimm (S. 96, 98)

ISBN 978-3-942508-12-4

Die Deutsche Nationalbibliothek verzeichnet diese Publikation in der Deutschen Nationalbibliografie; detaillierte bibliografische Daten sind im Internet über http://dnb.d-nb.de abrufbar.

Märkisches Verlags- und Druckhaus GmbH & Co. KG
Kellenspring 6, 15230 Frankfurt (Oder)
Telefon 0335 55330
www.moz.de

Redaktion: MOZ-Redaktion GmbH
Chefredaktion: Frank Mangelsdorf
Projekt-Betreuung: Gitta Dietrich

Gestaltung: Kathrin Strahl, studio-strahl.de
Druck: Silber Druck oHG, Niestetal
Frankfurt (Oder) 2015

Liebe Nationalpark- und Geschichtsinteressierte,

der Nationalpark Unteres Odertal feiert 2015 sein 20-jähriges Bestehen – dieses Buch aus der „Einst und Jetzt"-Reihe der Märkischen Oderzeitung ist ein passendes Geschenk für das besondere Geburtstagskind. Die Entwicklung von Nationalparks im dicht besiedelten und intensiv genutzten Mitteleuropa ist eine sehr anspruchsvolle und besonders spannende Angelegenheit.

Wir Menschen ziehen uns allmählich aus großen Flächen zurück und lassen die Natur einfach machen. Im Schweiße unseres Angesichts urbar gemachte Kulturlandschaft, wie das Flusstal der unteren Oder, wird Schritt um Schritt wieder etwas wilder. Zwanzig Jahre sind dabei nur ein ganz kleiner Ausschnitt – natürliche Entwicklungen und Veränderungen finden nicht in wenigen Jahren statt, sondern laufen in Jahrzehnten und Jahrhunderten ab. Für uns Menschen mit kurzfristigen Zielen und einem endlichen Leben ein ungewohntes Phänomen. Hans-Jörg Wilke, Mitarbeiter der Nationalparkverwaltung, ist ein ausgewiesener Kenner der Geschichte und der Natur des Unteren Odertals. Mit der Gegenüberstellung historischer Aufnahmen mit der heutigen Situation im einzigen Flussauennationalpark Deutschlands hat er es geschafft, Veränderung und Geschichte lebendig werden zu lassen und damit auch das Nationalparkziel „Natur Natur sein lassen" etwas verständlicher und greifbarer zu machen. Ein kleiner Tipp: Achten Sie auf die Details und Motive in den Bildpaaren – die Ähnlichkeiten sind in Anbetracht des Zeitabstandes oft verblüffend!

Viel Spaß beim Eintauchen in die Geschichte wünscht

Dirk Treichel
Leiter des Nationalparks Unteres Odertal

INHALT

1930 HOHENSAATEN / SCHLEUSEN

Das Untere Odertal mit einer 60 Kilometer umfassenden Nord-Süd-Ausdehnung hat seinen südlichsten Punkt in Hohensaaten. Hier verzweigt sich der Oder-Havel-Kanal (Oder-Havel-Wasserstraße) und mündet als Teilstück des 1914 fertiggestellten Großschifffahrtsweges Berlin–Stettin über zwei Schleusen in die Oder (rechts) und die Hohensaaten-Friedrichsthaler-Wasserstraße (Ho-Fri-Wa) (links). Die Brücke vor der Westschleuse existiert an dieser Stelle heute nicht mehr. 500 Meter südlich wurde 2010 eine neue Straßenbrücke nach Hohensaaten errichtet. Die beiden modernen Schleusenwerke sind heute schon aus der Ferne an den acht Meter hoch aufragenden Maschinenhäusern zu erkennen.

1913 **HOHENSAATEN-FRIEDRICHSTHALER-WASSERSTRASSE**

Nach dem Gesetz vom 4. August 1904 „Zur Verbesserung der Vorflut in der unteren Oder“ entstanden im Unteren Odertal für die Schifffahrt zwei Wasserstraßen. An den östlichen Talrand wurde die Oder verlegt und als durchgängiger Strom ausgebaut und am westlichen Talrand entstand als nördlicher Teil des Großschifffahrtsweges Berlin-Stettin die Hohensaaten-Friedrichsthaler-Wasserstraße (Ho-Fri-Wa). Trotz Einsatz großer Technik waren viele Arbeitskräfte erforderlich. Heute erinnert kaum noch etwas an die umfangreichen Bauarbeiten. Die Ho-Fri-Wa wird von dichten Baumbeständen gesäumt. Nördlich von Schwedt/Oder, direkt an dem heute hundertjährigen Kanal entstand ab den 1950er Jahren ein bedeutender Standort der Papierindustrie. Ausflugsfahrten mit Schiffen, wie hier 2011, gestatten einen Blick auf die Industrie und den direkt angrenzenden Nationalpark.

1909 **KANALBAU / LANDGRABENBRÜCKE**

Die Schaffung des nach holländischem Vorbild projektierten Poldersystems begann 1906 und wurde nach einer Bauzeit von 22 Jahren 1928 abgeschlossen. Beim Bau der Ho-Fri-Wa kam 1909 zwischen Criewen und Schwedt/Oder ein Bagger von der Wilhelm Bruch Kanalbau Aktiengesellschaft zum Einsatz. Das Baubüro der Berliner Firma befand sich damals in Criewen. Im Hintergrund ist die Montage der Brücke am Landgraben zu erkennen. Es entstanden zwischen 1908 und 1917 nach einheitlichen Grundsätzen insgesamt 14 solcher Brücken. Als eine der letzten ursprünglichen Brücken über die Ho-Fri-Wa ist die Landgrabenbrücke bis heute in ihrer ursprünglichen Form erhalten geblieben. Über sie gelangen Besucher und Gäste direkt in den Nationalpark.

1913 KANALBAU BEI GATOW

Für den Durchstich Schwedt-Friedrichsthal kam ein Sondergerät zum Einsatz. Der Trockenbagger mit Seitengurtförderung, wie hier bei Gatow 1913, brachte den Bau der Ho-Fri-Wa schnell voran. Die Arbeiten waren zu Beginn des Ersten Weltkrieges im Sommer 1914 im Wesentlichen abgeschlossen. Die endgültige Fertigstellung dieses Kanalabschnitts zog sich jedoch bis 1924 hin. Am Ende der Arbeiten hatten die Deiche im Unteren Odertal eine Gesamtlänge von 177 Kilometern. Bis heute gelangen Ausflugsschiffe von Schwedt/Oder vorbei an den Schwedter Papierfabriken auf kürzestem Weg nach Gartz (Oder) und weiter über die West-oder nach Szczecin.

BRÜCKENBAU BEI SCHWEDT

Unter der Leitung des „Neubauamtes für Brückenbauten“ wurden im Zeitraum von 1930 bis 1932 alle vier Flutbrücken im Schwedt-Niederkräniger Oderdamm erneuert. Dazu musste Technik bewegt werden. Hier wurde im September 1930 eine Dampfwalze auf einer Notbrücke über die Meglitze transportiert. An gleicher Stelle können Nationalparkbesucher seit 2006 die Auenlandschaft auf geführten Kanutouren erleben. Die festgelegten Routen bieten spannende Einblicke in die Naturvielfalt der Oderniederung.

1910 **STOLPE**

Im ausgehenden 12. Jahrhundert wurde aus Feld- und Backsteinen am Unteren Odertal in einem slawischen Burgwall bei Stolpe eine Turmburg errichtet. Der mit einem Durchmesser von 18 Metern zu den stärksten Burgtürmen Deutschlands zählende Rundbau thront bis heute mit seinen sechs Metern starken Mauern weit sichtbar über der Ortschaft. Mit der hochwasserfreien Eindeichung des Lunow-Stolper Polders und der Inbetriebnahme des dazugehörenden Schöpfwerkes Ende des 19. Jahrhunderts blieben die jährlichen Überflutungen aus und die „Futterkraft" der Wiesen ließ nach. Die Ackernutzung, oft durch Drängewasser behindert, rentierte sich nur auf den höher gelegenen Flächen. Extensive Grünlandwirtschaft wird bis heute in der Schutzzone II des Nationalparks betrieben. Der Blick auf Stolpe zeigt den Verlust des ehemals höchsten Gebäudes, der Stolper Kirche, welche aus dieser Perspektive früher sogar den Stolper Turm überragte.

1933 **STOLPER KIRCHE**

Die Kirche in Stolpe entstand 1745. Da die Fundamente wichen und ein Einsturz befürchtet wurde, erfolgte im Sommer 1935 der Abbruch des Gotteshauses. Nach dem Abmontieren des Kirchendaches und des oberen Turmteiles begannen Küstriner Pioniere mit den Sprengungen. Die erste Sprengung der bereits teilweise abgetragenen Kirche fand am 26. Juli 1935 statt. 1933 fotografierte der erste Naturschutzkommissar des Kreises Angermünde, Dr. Friedrich Springer (1889 – 1972), das Odertal und die noch existierende Kirchturmspitze. Heute kann in dem Bergfried eine Ausstellung zur Geschichte des Turms besichtigt werden und von der oberen Plattform des mittelalterlichen Wehrturms entschädigt ein grandioser Ausblick für den abenteuerlichen Aufstieg über die neue Außentreppe.

1926 STOLPER TURM

Die Mitglieder des Ruder-Clubs Schwedt 1912 e. V. unternahmen während der warmen Jahreszeit oft Trainings- und Ausflugsfahrten ins Untere Odertal. Am 3. April 1926, am Ostersonnabend, ging es auf der Ho-Fri-Wa in südliche Richtung nach Stolpe. Auf dem Landgang zum Stolper Turm wurde auf die Vereinsfahne nicht verzichtet. Im September 2014 sind es Nationalparkbesucher aus Potsdam und Berlin, die die Anhöhen erklimmen und vor dem 900 Jahre alten Wehrturm Platz genommen haben. Seit einigen Jahren ist das Wahrzeichen des Ortes Stolpe auch von innen zu besichtigen.

www.dorfvereinstolpe-uckermark.de

1909 **STÜTZKOW**

Im Juli 1909 passierte der „Schwan“, eines der Boote des Königlichen Bauamtes Schwedt, den kleinen Ort Stützkow, dessen höchstes Gebäude die Kirche war. Mit dem Bau des neuen Schifffahrtskanals (Ho-Fri-Wa) zwischen Stützkow und Schwedt/Oder erhielt der Ort 1911, wie alle an der neuen Wasserstraße liegenden Oderdörfer, eine Eisenbogenbrücke. Nach 1945 bestand keine Verbindung zwischen Ort und Odertal mehr. Erst die Errichtung einer neuen Holzbrücke ermöglicht seit 2001 wieder den direkten Zugang in die Oderniederung und damit in den Nationalpark. Die alte Fachwerkkirche wurde aufgrund von Baufälligkeit 1986 abgerissen. 2001 konnte an gleicher Stelle das „Haus am Strom“ als Gemeindezentrum und Kirche eingeweiht werden. Die Eröffnung der jährlich stattfindenden Flussauenwoche ist nur ein Höhepunkt im Jahresverlauf.

CRIEWEN / BRÜCKE

Während das Poldersystem gebaut wurde, erhielt auch Criewen eine Brücke. Mit der Schüttung der Rampen wurde die Firma Wilhelm Bruch Kanalbau Aktiengesellschaft aus Berlin beauftragt. Der Bau der westlichen Rampe, hier im September 1909, erfolgte mittels Kipp-Loren in üblicher Weise. Heute überspannt an dieser Stelle eine Stahlbetonbrücke die Ho-Fri-Wa. Über sie gelangen die Besucher des Nationalparkzentrums Criewen auf kürzestem Weg in den Nationalpark. Nichts erinnert mehr an die früheren Bauarbeiten. Dichter Baumbestand säumt die Ufer der Wasserstraße, der längst Lebensraum für viele Pflanzen und Tiere geworden ist.

UM 1930 **CRIEWEN / SCHLOSS**

1816 kaufte Otto von Arnim (1785 – 1857) das Gut Criewen. Er ließ um 1820 das Herrenhaus neu errichten, veranlasste die Umsiedlung des Dorfes und beauftragte um 1822 den Landschaftsarchitekten Peter Joseph Lenné (1789 – 1866), einen Landschaftspark anzulegen. Das Schloss erfuhr um 1900 und in der ersten Hälfte des 20. Jahrhunderts umfangreiche An- und Umbauarbeiten. Nach aufwendiger Sanierung des Schlosses wurde im Mai 2002 die Brandenburgische Akademie Schloss Criewen eröffnet. Seitdem finden in den Räumlichkeiten Tagungen statt. Im Criewener Schloss können auch der Bund fürs Leben geschlossen und Hochzeit gefeiert werden.

UM 1909 **NATIONALPARKZENTRUM CRIEWEN**

Das Schloss Criewen erfuhr im 20. Jahrhundert mehrere Umbauarbeiten, die auch die Fassaden und das Portal einschlossen. Der frühere Efeubewuchs existiert heute nicht mehr. Von den fünf großen Platanen, die einst das Schlossportal flankierten, stehen noch drei. Seit 2005 findet alljährlich im September vor der Kulisse des Schlosses unter dem Motto „Schwedt bewegen – Natur erleben" der Nationalparklauf statt. Ein breit gefächertes Angebot verschiedener Disziplinen und Distanzen führt an diesem Tag, wie hier 2013, bis zu 500 Freizeitsportler zusammen.

1996 **NATIONALPARKHAUS**

Noch 1996 bot der ehemalige Schafstall einen trostlosen Anblick. Die Idee, das Schloss und das Gutsensemble zum Nationalparkzentrum auszubauen, nahm im Oktober 1997 mit dem Beginn der Umbau- und Sanierungsarbeiten an einzelnen Gebäuden Gestalt an. Die Rekonstruktion des ehemaligen Schafstalls konnte im November 1999 im Wesentlichen abgeschlossen werden. Im selben Jahr wurde mit den Planungen für die interaktive Ausstellung begonnen. Auch der benachbarte Speicher konnte nach umfangreichen Sanierungs- und Rekonstruktionsarbeiten 2003 als Bürgerhaus eröffnet werden.

1996 **BESUCHERZENTRUM NATIONALPARK**

Die Vorstellung, aus einem weitgehend funktionslosen und verwahrlosten ehemaligen Schafstall ein Ausstellungszentrum zu errichten, fiel angesichts solcher Bilder schwer. Die konzeptionellen Überlegungen favorisierten letztendlich im Zentrum der Ausstellung ein großes Oder-Aquarium. Nach zweijähriger Planung und Umbau fand am 9. September 2000 zum fünfjährigen Bestehen des Nationalparks die Eröffnung des Besucherzentrums statt. Seitdem wurden mehr als 300 000 Besucher und Gäste begrüßt. Die Ausstellung erfuhr 2010 und 2011 eine Überarbeitung und Aktualisierung.

1898 SCHWEDTER DRAGONER

1763 wurde dem 1. Brandenburgischen Dragoner-Regiment Nr. 2 Schwedt als Garnisonstandort zugewiesen. Bis auf wenige Unterbrechungen blieb die Stadt bis 1937 Heimstätte des Regiments. Im Juli 1898 ritten die Dragoner auf der Holzbrücke über die Oder aus der Stadt zur Ausbildung im Gelände.

Zum Brandenburgtag im September 2010 wurde die Stadtbrücke für den Verkehr gesperrt. Ausnahmsweise konnten die Einwohner Schwedts und Festbesucher auf der Brücke Platz nehmen und im „Brückencafé" bei Kaffee und Kuchen den weiten Blick übers Wasser in den Nationalpark genießen.

1903 **SCHWEDT / STADTBRÜCKE**

Die Holzbrücke aus dem Jahr 1838 war 270 Meter lang und 7,25 Meter breit. Sie hatte auf ihrer Gesamtlänge 22 Öffnungen und stadtseitig einen Klappteil für Segelschiffe. Am 2. Juli 1903 war die Brücke um die Mittagszeit belebt. Rechts führte ein Steg zur Küchlerschen, später Liebigschen Badeanstalt, und am Bollwerk lagen der Fracht- und Passagierdampfer „Schwedt" und der Fahrgastdampfer „Sedan". Die alte Holzbrücke bestimmte fast hundert Jahre das Bild der Stadt. In der Nacht vom 18. zum 19. September 1911 brannte das Bauwerk nahezu bis zur Hälfte ab. 1926 wurde die Holzbrücke endgültig abgebrochen und durch einen Neubau ersetzt. Über die heutige, erst nach dem Zweiten Weltkrieg entstandene Stadtbrücke gelangen Schwedter direkt in den Nationalpark.

1928 **SCHWEDT / BRÜCKENBAU**

Im Mai 1928 war die neue Betonbogenbrücke mit einer Länge von 143 Metern und drei eleganten Bögen fast fertig. Die Lehrgerüstpfähle, Leitwerkspfähle und Dalben wurden nun in die Schifffahrtsöffnung mittels Dampframme gezogen. Zeitgleich erfolgte die Verlegung von Kabeln für Elektrizität und Post mit Telefon- und Telegrafenanschlüssen sowie einer Wasserleitung. Bereits im April 1945 wurde die Brücke gesprengt. Die nachfolgend errichtete neue, 160 Meter lange Stahlbetonbrücke hat fünf Bögen. Die Fertigstellung erfolgte 1956. In unmittelbarer Nähe befindet sich heute ein Liegeplatz für Schiffe und Technik des Wasser- und Schifffahrtsamtes Eberswalde.

Oderkähne gehörten um 1930 zum gewohnten Bild. Neben dem Juliusturm, der von 1907 bis 1909 als städtische Kläranlage errichtet wurde, standen früher Gebäude eines Kohlehandels. Der Stempel auf der Postkarte verweist auf eine der 16 Bäckereien, die 1931 in Schwedt existierten. Heute überragt ein modernes, zwölfstöckiges Wohnhaus den fast zwanzig Meter hohen, von 2009 bis 2010 nach originalen Bauunterlagen sanierten Turm. Auf der Ho-Fri-Wa sind bis heute vor allem polnische Schubverbände mit unterschiedlicher Fracht, oft Eisenschrott, flussaufwärts unterwegs.

UM 1920 **SCHWEDT / BOLLWERK**

Der Fischreichtum der Oder und die zunehmende Freizeit machten in der ersten Hälfte des 20. Jahrhunderts das Angeln populär. Dem ersten Angler-Sportverein Schwedt folgte für einige Jahre der Angelverein „Einigkeit“. Die Postkarte „Angler-Eldorados“ wurde um 1920 vom Schwedter Fotografen Alfred Schwintzer verkauft und zu diesem Zweck unrealistisch bearbeitet (Ruderboot). Das neu errichtete Bollwerk ist heute ein beliebter Treff vieler Schwedter und Gäste, nicht zuletzt auch, weil dort an sonnigen Tagen leckeres Eis erhältlich ist.

Am 23. Juli 1902 fand für die Eskadronen der Schwedter Dragoner eine große Übung zur Überwindung der Oder statt. Dabei galt es, eine Pontonbrücke zu errichten, auf der der Fluss dann „im Sattel" überquert werden konnte. Der sonnige Mittwochvormittag lockte viele Schaulustige, die die Logenplätze auf der Holzbrücke einnahmen, herbei. Heute schmückt an dieser Stelle ein neues Bollwerk mit Promenade das Ufer zur Ho-Fri-Wa und zieht viele Schwedter an. Der Oder-Neiße-Radweg führt hier durch die Oderstadt und der Verkauf von Speiseeis lädt an sonnigen Tagen zum Verweilen ein. Hinter den Uckermärkischen Bühnen, im ehemaligen Schlosspark, entstand direkt am Wasser für Theateraufführungen in den Sommermonaten eine Freilichtbühne mit 721 Sitzplätzen. Hier finden vor der Kulisse des Nationalparks Open-Air-Veranstaltungen statt.

1914 gründete sich der „Marineverein Schwedt und Umgebung". Die 30 Mitglieder hatten sich unter anderem der Pflege der deutschen Seefahrt verschrieben. An der Oder, gegenüber vom Schloss, errichteten die Männer 1925 ihr Bootshaus, das im Oktober 1925 eingeweiht wurde. An dieser Stelle befindet sich das von 1952 bis 1955 errichtete Anglerheim. Es ist heute im Besitz des Anglervereins Ortsgruppe Schwedt/Oder 1922 e. V. Nach umfangreicher Sanierung wurde es 2009 neu eröffnet. Für Angel- und Nationalparkfreunde ist das Vereinsgelände ein beliebter Treff. 2011 erhielt der Verein die Auszeichnung „Aktiv für den Nationalpark" und trägt seitdem den Zusatztitel „Nationalparkverein".

UM 1900 **SCHWEDT / SCHLOSS**

Sichtbares Zeichen der bis 1788 andauernden Residenz der Markgrafen in Schwedt/Oder war das ab 1670 direkt an der Oder erbaute Schloss, hier auf einer Postkarte. Mit dem Ende der Markgrafenzeit wurde es verschiedentlich genutzt. Forstverwaltung, Kunstsammlung und Jagdtrophäen Kaiser Wilhelms II fanden dort ihren Platz. Im Ersten Weltkrieg dienten Räume des Schlosses als Lazarett. Kurzzeitig war es auch wieder Wohnsitz von Familienmitgliedern der Hohenzollern. Es beherbergte das Heimatmuseum der Stadt (1930 – 1938) und wurde im April 1945 durch Kriegshandlungen stark beschädigt. Mehrere Sprengungen besiegelten im Herbst 1962 endgültig das Schicksal des stadtbildprägenden Bauwerkes. An gleicher Stelle wurde 1978 ein Kulturhaus eröffnet, die heutigen Uckermärkischen Bühnen Schwedt (ubs). Für die direkt am Ufer der Ho-Fri-Wa errichteten Freilichtbühne fungiert der gegenüberliegende Nationalpark als malerische Kulisse.

1907 **SCHWEDT / BRÜCKE WINTER**

Der Bau des Poldersystems hatte gerade begonnen, als am 8. März 1907 schwerer Eisgang den Verkehr auf der Oder bei Schwedt behinderte. Der Einsatz der Eisbrecher „Karl" und „Hulba" zur Vermeidung von Eisversetzungen an der damals noch bestehenden hölzernen Pfahlbrücke wurde von vielen Schaulustigen begleitet. Der Winter 2010/11 sah friedlicher aus und die neue Promenade am Bollwerk lud bei strahlendem Sonnenschein zu ausgedehnten Spaziergängen ein. Über die Stadtbrücke gelangt der Wanderer auf kürzestem Weg in den Nationalpark. In der von Eis und Schnee erstarrten Landschaft tummeln sich dann vor allem Wasservögel wie Saat- und Blässgänse sowie Singschwäne.

UM 1930 SCHWEDT VON OBEN

Schwedt/Oder, auf einer Talsandterrasse gelegen, gehörte um 1900 mit mehr als 10 000 Einwohnern zu den größten Städten am Unteren Odertal. Die ältesten Stadtteile, wie der (Fischer)-Kietz, dessen Grundstücke bis direkt an die Oder reichten, der Marktplatz mit dem alten Rathaus und das Schloss mit dem Parkgarten lagen am Flussufer. Um die Wohnbebauung entstanden in großer Zahl Tabakscheunen. Nach 1945 wuchs Schwedt/Oder zur Industriestadt und die Einwohnerzahl verfünffachte sich. Wenig ist nach den Zerstörungen im Frühjahr 1945 vom historischen Stadtkern erhalten geblieben. Die vielen alten Tabakscheunen wichen Neubauten für die bis Mitte der 1980er Jahre anwachsende Zahl der Neubürger (Bild von 2007).

1909 SCHWEDT / SCHÖPFWERK BRÜCKE

Von 1908 bis 1915 wurden insgesamt 14 Brücken über den neu entstehenden Kanal gebaut. Sie verbanden die Ortschaften mit dem Unteren Odertal. Der aufgesetzte eiserne Brückenbogen über die entstehende Ho-Fri-Wa kündigte am 12. Juli 1909 den bevorstehenden Abschluss der Arbeiten an der Schwedter Schöpfwerksbrücke an. Nach 1945 fehlte über viele Jahrzehnte hier ein Übergang, bis 1997 eine neue Holzbrücke eingeweiht und mit ihr an alter Stelle ein neuer Zugang in den seit 1995 bestehenden Nationalpark geschaffen wurde. Die Vorliebe der Schwedter für bestimmte Hunderassen hat in all den Jahren nicht nachgelassen.

SCHWEDT / SCHLEUSE

Nachdem während des Ersten Weltkrieges das ursprüngliche Doppelschleusenprojekt zwischen Nieder Kränig und Schwedt/Oder zum Erliegen kam, wurde der günstigere Schleusenbau nördlich von Schwedt in der Nipperwieser Querfahrt von 1923 bis 1924 ausgeführt. Am 4. Dezember 1923, während der Hyperinflation, wurden allein für die Bleche der Stemmtore 1 288 Billionen Mark gezahlt. Am 11. Januar 1925 konnte die Schleuse Schwedt eröffnet werden. Der Blick vom Unterwasser gegen das Unterhaupt im Juni 1929 und im Oktober 2014 unterscheidet sich kaum, lediglich ein neues Häuschen für den Schleusenwärter und Schifffahrtszeichen sind auffällige Veränderungen. An den Ufern der Schwedter Querfahrt hingegen, entstanden in den vergangenen Jahrzehnten mit den Galeriewäldern aus Weiden neue Lebensräume für Pflanzen und Tiere. Mit der im Jahr 2000 direkt an der Schleuse neu errichteten Holzbrücke existiert ein dritter Übergang von Schwedt/Oder in den Nationalpark.

1912 **GARTZ / SCHÄFERBERGE**

Dort, wo das Odertal sich in der ausgehenden Weichselvereisung den Weg nach Norden bahnte, entstanden am Plateau der Grundmoränen zum Teil steile Hänge. Die Hügel südlich des Gartzer Schreys wurden, wenn die Hangneigung es zuließ, ackerbaulich oder als Wiesen genutzt. Vor hundert Jahren wirkte die Landschaft zwischen Gartz (Oder) und Gartzer Schrey ausgeräumt. Inzwischen hat der Wald alte Standorte zurückgewonnen. Um die wertvollen Trockenrasen zu erhalten und das weitere Vordringen des Waldes zu verhindern, ist eine Beweidung mit Schafen wichtig. Auf diese Weise wird ein spezieller Mosaikstein der Landschaft und ein wichtiger Lebensraumtyp nach der Fauna-Flora Habitat-Richtlinie (FFH-Richtlinie), mit einer bewerkenswerten Vielfalt an wärmeliebenden Pflanzen, erhalten.

UM 1910 **GARTZ / BLICK VON DER KIRCHE**

Wie bereits im südlichen Odertal wurden auch im Norden durch Eindeichung der Wiesenflächen Polder angelegt. Zwischen der Ost- und Westoder entstanden der Gartzer und Schillersdorfer Polder. Heute gehört das sich über 6 000 Hektar erstreckende Überflutungsgebiet mit Mooren, Röhrichten und Auwäldern zum polnischen Landschaftsschutzpark Dolina Dolnej Odry. Der Blick vom Turm der St. Stephanskirche um 1910 und 2014 offenbart die großräumigen Landschaftsveränderungen im Unteren Odertal. Nach dem Bau des Poldersystems mit Deichen und Kahnschleusen und mit der Nutzungsaufgabe nach 1945 entstand hier ein ganz besonderes Refugium für seltene Tiere und Pflanzen.

UM 1935 **GARTZ / STRANDBAD**

Ein Gartzer Bauunternehmer ließ 1930 am Oderufer gegenüber der Stadt Gartz (Oder) ein weiträumiges Strandbad erbauen. Neben Umkleidekabinen, Badesteg, Sprungturm und Rutsche gehörten Tanzsaal und Casino zur exklusiven Ausstattung. Die Flussbadeanstalt wurde nicht nur für Gartzer zum Anziehungspunkt. Neptun- und Strandfeste waren die Höhepunkte der Badesaison. In den vergangenen Jahrzehnten sind an dieser Stelle dichte Auwälder gewachsen und das Areal gehört inzwischen zum polnischen Landschaftsschutzpark Dolina Dolnej Odry. Die Schornsteine des am gegenüberliegenden östlichen Talrand erbauten Steinkohlekraftwerks bei Gryfino sind weithin sichtbar. Der Eisbrecher „Schwedt" war bereits im Oktober 2014 für den Winterdienst gerüstet. Zum Einsatz kam er in dem milden Winter nicht.

1926 **GARTZ / BRÜCKE**

Nach langen Verhandlungen kam es von 1925 bis 1926 in Gartz (Oder) zum Bau einer Wirtschaftsbrücke über die Westoder und damit zur weitgehenden Umstellung der Heuwerbung vom Kahn- zum Landverkehr mit niedrigeren Betriebskosten. Bei dem Bauwerk handelte es sich um eine Eisenbetonbogenbrücke. Der Brückenbau kostete 320 000 Reichsmark und beschäftigte viele Arbeiter und Ingenieure. Am 19. September 1926, wenige Tage vor der Eröffnung der neuen Brücke, gab der wiesenseitige Pfeiler nach und zwei Bögen stürzten mit lautem Knall in die Oder. Zehn Minuten vor dem Einsturz hatte der Dampfer „Direktor Ehmke" noch die Brücke passiert. Zwei Gartzern und einem Schlosserlehrling aus Stettin kostete diese Katastrophe das Leben. An das Unglück erinnert heute ein Gedenkstein.

Im ausgehenden 19. Jahrhundert lagen im Fischerhafen von Greifenhagen, vor der alten von 1857 bis 1860 erbauten und nach schwerem Eisgang am 29. März 1888 zerstörten und nachfolgend wieder errichteten, hölzernen Jochbrücke, eine große Anzahl von Fischerbooten. Ein deutliches Zeichen für den Fischreichtum der Oder zur damaligen Zeit. Heute dominiert in Gryfino ein neues Bollwerk vor der nach 1945 wiedererrichteten Eisenbogenbrücke und Angeln in der breiten Stromoder ist noch immer ein beliebtes Freizeitvergnügen.

UM 1920 **GREIFENHAGEN / BRÜCKE**

Vor der Kulisse der neuen 1911 bis 1913 erbauten Eisenbogenbrücke in Greifenhagen, lagen um 1920 noch immer in großer Zahl Fischerboote. Ein untrügliches Zeichen des alten Gewerbes in der schnell wachsenden Stadt. Am Bollwerk lag der 1863 erbaute und von 1895 bis 1918 für die Schwedt-Stettiner-Dampfer-Gesellschaft fahrende Schraubendampfer „Greifenhagen“. Gryfino zeigt sich heute von der Wasserseite mit einem neuen modernen Bollwerk, an dem auch Schubverbände der Binnenschifferei und Fahrgastschiffe festmachen. Über die Brücke gelangt der Naturliebhaber direkt in den Landschaftsschutzpark Dolina Dolnej Odry oder nach Mescherin. Ein neu errichteter Kinderspielplatz, ein Informationspavillon sowie ein Lehrpfad sind Erlebnisangebote im polnischen Schutzgebiet.

UM 1930 **AUF DER ODER**

Um das Heu aus dem Unteren Odertal zu bringen, waren die Landwirte von Nipperwiese auf Motorfähren angewiesen. Zwei gab es, nördlich und südlich der Schwedter Querfahrt. Mit Hilfe eines Seils, das am Grund der Oder lag, wurde die Fähre über die Oder gezogen. Aus diesem Grunde war Ankern in unmittelbarer Nähe verboten. Derartige Wasserfahrzeuge sind heute im Unteren Odertal Geschichte. Heute können auf der Oder und den Altwasserarmen des Nationalparks hin und wieder Forscher angetroffen werden, die wie hier im Herbst 2014 die Fischfauna eines Gewässers oder spezielle Fischarten kartieren. Regelmäßige Beobachtungen, systematische Erfassungen und kontinuierliche Auswertungen ermöglichen Langzeitbeobachtungen (Fisch-Monitoring).

UM 1910 **TAL DER LIEBE / ALTES FORSTHAUS**

Bereits Mitte des 19. Jahrhunderts ließ Anna Sophie von Humbert (1831 – 1909) als Überraschung für ihren Gatten, den damaligen Landrat Carl Philipp von Humbert (1805 – 1867), ein Waldgebiet an der Oder zur Parkanlage umgestalten. Das „Tal der Liebe" hatte ursprünglich drei Goldfischteiche (ab 1908 noch zwei) und ein Forsthaus mit Fasanerie (bis 1907). Auf den beiden Inseln der Goldfischteiche standen Sandsteinfiguren, im Volksmund „Adam" und „Eva" genannt. Im Forsthaus wohnte von 1872 bis 1945 der Förster und Waldhüter. Nach umfangreichen Rekonstruktionen in den Jahren 2004 bis 2006 ist das „Poznaj Dolinę Miłości" („Tal der Liebe") für polnische und deutsche Naturliebhaber wieder ein beliebtes Ausflugsziel. Die beiden Teiche wurden wieder angelegt und nach den Originalen gefertigte Sandsteinfiguren aufgestellt.
www.dolinamilosci.pl

UM 1908 **TAL DER LIEBE / BASTEI**

Die auf einem Vorsprung der Oderhänge gelegene Bastei ermöglichte einen weiten Blick ins Untere Odertal. Über die Niederungsebene mit ihren Wasserläufen erreichte die Rundschau auch Schwedt/Oder. Der Gedenkberg ist mit fast 80 Metern einer der höchsten Aussichtspunkte im „Tal der Liebe“. Er gestattet einen noch imposanteren Ausblick auf das malerische Odertal. Eine Reihe von Findlingen mit den Namenszügen früherer deutscher Wissenschafter, Dichter und Denker sowie Politiker säumten den Weg zur Anhöhe. Mit der Rekultivierung der Parkanlage wurde auch die Bastei wieder begehbar. Von hier eröffnet sich wie vor hundert Jahren ein schöner Ausblick in die Oderniederung, die seit 1995 Nationalpark ist. Auch viele der Findlinge wurden wieder aufgefunden und die Beschriftung instandgesetzt.

UM 1930 **NIEDER SAATHEN**

Von 1908 bis 1912 wurde die Meglitze nördlich von Nieder Saathen bis Nipperwiese zur Stromoder ausgebaut. Nach Abschluss der Baggerarbeiten zum Marwitzer Durchstich floss die Oder nun als Hauptstrom am östlichen Talrand bis Greifenhagen (Gryfino); das ist bis heute so. Mit Abschluss der Arbeiten zur Verbesserung der Vorflut im Unteren Odertal endeten 1928 die großflächigen Regulierungsmaßnahmen. Seitdem existiert das nach holländischem Vorbild erschaffene System, das im deutschen Teil des Unteren Odertals noch funktionstüchtig ist. Einlassbauwerke, hier das von Nieder Saathen, ermöglichen die Flutung der Polder. Ein wirksamer Hochwasserschutz, wie sich im Sommer 2010 zeigte, da sich der Flussquerschnitt um mehrere hundert Meter verbreitert und ein größerer Wasserabfluss stattfinden kann.

UM 1930 NIEDER SAATHEN / ZIEGELEI

In mehreren Orten entlang des Unteren Odertals lieferten Tongruben den Rohstoff für Ziegeleien. Nachweislich wurden bereits 1683 in Nieder Saathen Ziegel hergestellt. Die Steine fanden unter anderem 1711 beim Bau der Nieder Saathener Dorfkirche, einem ovalen, zwölfeckigen Backsteinbau, Verwendung. Der große Ringofen südlich des Ortes wurde um 1880 errichtet. Die Tongrube befand sich direkt hinter der Ziegelei. Nach mehreren Besitzerwechseln endete um 1940 die Ziegelproduktion. Heute erinnert nichts mehr an den damals vielerorts florierenden Industriezweig. Dichte Wälder haben sich an den Oderhängen ausgebreitet und sind heute Teil der grenzüberschreitenden NATURA-2000-Gebiete im Unteren Odertal.

UM 1920 **BELLINCHEN**

Die Einwohner Bellinchens lebten vor allem vom Fischfang. Der Zukauf Lunower Ländereien, der Märkischen Kies- und Sandwerke sowie die aufkommende Schifffahrt erweiterten die Erwerbsmöglichkeiten. Der Ort wurde in den 1920er Jahren durch floristische Besonderheiten wie die Flaumeiche und durch die unter Naturschutz stehenden Oderhänge (1927) bekannt. Nach hundert Jahren hat Bellinchen, das heutige Bielinek, kaum sein Antlitz verändert. Die renovierte Kirche ist auch heute das höchste Gebäude in der kleinen Ortschaft. Ein Lehrpfad mit Informationstafeln und Rastplätzen führt von hier in das 1957 neu gegründete Naturschutzgebiet Bielinek mit weiten Ausblicken in das Odertal.

Noch um 1900 wurden in den großen Flüssen Deutschlands riesige Störe gefangen. Ihr Aussterben veranlasste 1994 die „Gesellschaft zur Rettung des Störs e. V.“, in engem Zusammenwirken mit der Nationalparkverwaltung, mit der Wiedereinbürgerung des in Deutschland und im gesamten Baltikum ausgestorbenen Störs (Acipenser oxyrinchus) zu beginnen.

Die großflächigen Überschwemmungsflächen im Nationalpark werden als wichtiges Nahrungshabitat für die abwandernden Jungstöre angesehen. Bisher wurden im Rahmen des Projekts mehr als 600 000 dieser Wanderfische im Bereich des Unteren Odertals in die Oder gesetzt. Seit 2013 gibt es im Nationalpark eine Aufzuchtstation.

G.B.SCHWEDT

1926 setzte während der letzten Bauphase am Poldersystem ein Sommerhochwasser den Flutungspolder bei Schwedt/Oder gänzlich unter Wasser. Es kam auf einer Länge von 250 Metern zum Deichbruch im Polder A. Um weitere Schäden zu verhindern, wurde die „Technische Nothilfe" aktiv, die mit Sandsäcken die Deiche befestigte. Dramatischer war die Situation beim Sommerhochwasser 1997 und ebenfalls nicht ungefährlich war das Sommerhochwasser 2010. Sandsackdepots wie hier bei Stolzenhagen wurden angelegt, um für alle Eventualitäten vorbereitet zu sein.

1913 **RUDERER**

Am 13. September 1913 wurde im Ruder-Club Schwedt 1912 e. V. abgerudert. Bereits im Sommer 1895 hatten Gymnasiasten den ersten Schwedter Ruderverein gegründet, der nach vier Jahren mangels Interesses aufgelöst und erst nach Jahren wieder neu ins Leben gerufen wurde. Heute erlernen die Schwedter Gymnasiasten das Rudern im Sportkurs „Rollen, Fahren, Gleiten". Der Verein Wassersport PCK Schwedt e. V. unterstützt den Unterricht fachkundig und mit entsprechendem Equipment. Der Schwedter Sportverein verleiht für geführte Wasserfahrten durch den Nationalpark Kanus. Unter Anleitung eines Kanuführers können Erlebnishungrige die Wildnis vom Wasser aus erkunden. Anmeldungen sind über die Tourismusvereine in Schwedt und Angermünde möglich.
www.unteres-odertal.de
www.angermuende-tourismus.de

HEUERNTE

Mit den jährlichen Überflutungen wurden die Wiesen auf natürliche Weise gedüngt. Die Fruchtbarkeit der Niederungsflächen sicherte frisches Futter für das Vieh. Daneben war die Heugewinnung von großer Bedeutung. Im Sommer 1917 mussten Kriegsgefangene beim Einbringen helfen. Das Foto machte seinerzeit der Begleiter der Spaziergängerin. Gemeinsam erkundeten sie als frühe Touristen das Untere Odertal. Heute ist die Heuwerbung ein mit modernster Technik ablaufender Vorgang. Das Heu wird mit Hilfe eines Heubinders eingesammelt, während der Fahrt zu einem Ballen gepresst und vollautomatisch verpackt.

1936 **EXKURSION**

Der Naturschutzpionier Paul Robien (1882 – 1945) lud in den 1920er Jahren zu vogelkundlichen Beobachtungsgängen ins Untere Odertal ein. Menschen aus allen Schichten, vom Arbeiter bis zum Regierungsrat, folgten den Ausführungen zu seinen Naturbeobachtungen, fanden Erholung und Befriedigung, hier im Juni 1936. Seit Gründung des Nationalparks 1995 hat sich die Zahl der Naturinteressierten ständig erhöht. Das Jahresprogramm des Nationalparks hält eine Vielzahl von Veranstaltungen bereit, zu denen seit über 20 Jahren auch die jährlich im Mai stattfindende Tour de Natur (Foto von 2009) gehört.

www.nationalpark-unteres-odertal.eu

Mitte der 1960er Jahre begannen ehrenamtliche Ornithologen mit der systematischen Beobachtung der Vogelwelt im Unteren Odertal. 1975 trafen sich in Schwedt/Oder 20 Naturfreunde und gründeten die Fachgruppe „Ornithologie" beim Kulturbund der DDR. Sie wurde in den folgenden Jahren Anlaufpunkt für am Naturschutz interessierte Bürger. Ehrenamtliche Ornithologen beteiligten sich an den alljährlich im Winterhalbjahr stattfindenden Wasservogelzählungen. Nachdem sich Anfang 1991 ein Aufbaustab für den Nationalpark konstituiert hatte, begann der Aufbau der Naturwacht Brandenburg. Am 1. Oktober 1993 erhielten die Naturwächter nach Abschluss der berufsbegleitenden Ausbildung, ihre Zertifikate. 15 Naturwächter, wurden zunächst befristet für drei Jahre im Unteren Odertal eingestellt. Heute betreuen zehn Mitarbeiter der Naturwacht Gäste und Besucher. Sie führen Kontrollen und Kartierungen im Nationalpark durch. *www.naturwacht.de*

Feuchtgebiet von internationaler Bedeutung + Naturschutzgebiet!
Rat des Bezirkes

Im Jahr 1980 beschloss der Bezirkstag Frankfurt (Oder) auf der Grundlage der ehrenamtlich gesammelten Daten zur Vogelwelt entsprechend der Erklärung der RAMSAR-Konvention (1971) die Unterschutzstellung der Polder Schwedt und Friedrichsthal als Feuchtgebiet von internationaler Bedeutung (FIB). Die große Schautafel am Schwedter Polder wurde 1981 in Handarbeit hergestellt. Die Kosten für Material und Fertigung betrugen damals 163 Mark. 2014 wurden insgesamt 45 neue, über ein INTERREG IVa Programm mit 135 000 Euro geförderte Informationstafeln im Nationalpark und in der Nationalparkregion aufgestellt. Sie informieren ausführlich über die Historie und Naturausstattung des Unteren Odertals.

Naturschutz-
gebiet
Der Rat des Bezirkes

Mitglieder der Fachgruppe „Ornithologie und Naturschutz" bildeten als Naturschutzhelfer bis 1990 ein Betreuerkollektiv für das international bedeutsame Feuchtgebiet im Unteren Odertal. Damit wurde eine wesentliche Grundlage für den ab 1990 entstehenden Nationalpark gelegt. Die „Naturschutzeule" gibt es seit 1950. Auf der Suche nach einem einprägsamen Zeichen zur Kennzeichnung von Naturschutzgebieten und Naturdenkmälern in der DDR fiel die Wahl auf die Waldohreule. Nach der Wiedervereinigung 1990 wurde auf der 36. Umweltministerkonferenz die Eule als gesamtdeutsches Zeichen zur Kennzeichnung der Naturschutzgebiete für alle Bundesländer empfohlen. Seit Gründung des Nationalparks kennzeichnen die allseits bekannten „gelben Eulenschilder" die Parkgrenzen und Zusatztafeln informieren über die Ausdehnung des Schutzgebietes. Nach der Novellierung des Nationalparkgesetzes 2006 wurden einzelne Schilder entsprechend der präzisierten Grenzziehung, hier 2013, punktgenau versetzt.

Jedes Jahr im Frühling und Herbst bietet das Untere Odertal ein besonderes Naturerlebnis, den Vogelzug. Hunderttausende Zugvögel unterbrechen hier ihre Reise und rasten in der Oderniederung. Eine gute Gelegenheit, einige von ihnen zu beringen, um mehr über ihren Bestand, die Biologie, das Verhalten und den Vogelzug zu erfahren. Seit mehr als 50 Jahren werden im Unteren Odertal von ehrenamtlich tätigen Ornithologen, hier Eckhard Krätke (1939 – 2015) in den 1980er Jahren, Vögel beringt und somit wichtige Daten gesammelt. Winfried Dittberner (geb. 1939) ist seit 1965 Vogelberinger. 2014, nach 50-jähriger Forschungsarbeit, konnte er ein umfangreiches Buch zur Vogelwelt des Unteren Odertals vorlegen (www.naturundtext.de). Die Mitarbeiter der Naturwacht im Nationalpark erfassen seit 1992 ebenfalls die Entwicklung einzelner Vogelarten. Dazu sind Gebietsbefahrungen erforderlich. Die kontinuierliche Erfassung einzelner Vogelarten im Nationalpark gehört auch zu ihrem Aufgabenspektrum. Ziel des Monitorings sind Schutzmaßnahmen für besonders bedrohte Arten.

1978 **EISLAUFEN**

Der Nationalpark Unteres Odertal ist vor allem aufgrund der reichen Tier- und Pflanzenwelt ein spannendes Exkursionsgebiet. Fast jede Jahreszeit lädt mit besonderen Impressionen zum Verweilen, Erkunden und Beobachten ein. An kalten Wintertagen und fester Eisschicht ist in unmittelbarer Nähe der Ortschaften auf den überfluteten Wiesen traditionell auch das Eis- und Schlittschuhlaufen sehr beliebt. Daran hat sich in all den Jahren, hier 1978 und 2009 bei Schwedt wenig geändert, jedoch ist heute das Betreten der Eisflächen nur in ausgewählten Bereichen des Nationalparks gesetzlich erlaubt. Das Befahren mit Privat-Kfz ist hingegen verboten und nur in begründeten Ausnahmefällen noch gestattet.

BUCHREIHE **EINST UND JETZT**

In der Buchreihe EINST UND JETZT sind bislang erschienen:

BAND 1
BAD FREIENWALDE

BAND 2
FRANKFURT (ODER)

BAND 3
RÜDERSDORF BEI BERLIN

BAND 4
EISENHÜTTENSTADT

BAND 5
SCHWEDT/ODER

BAND 6
LAND BRANDENBURG

BAND 7
STRAUSBERG

BAND 8
EBERSWALDE

BAND 9
COTTBUS

BAND 10
KIRCHEN IM ODERBRUCH

BAND 11
GÖRLITZ

BAND 12
UNIVERSITÄT POTSDAM

BAND 13
BEESKOW

BAND 14
MEDIENSTADT BABELSBERG

BAND 15
SACHSEN-ANHALT

BAND 16
FÜRSTENWALDE

BAND 17
BERNAU

BAND 18
HENNIGSDORF

BAND 19
FLUGHAFEN SCHÖNEFELD

BAND 20
INSEL USEDOM

BAND 21
HOCHSCHULE EBERSWALDE

BAND 22
BRANDENBURG AN DER HAVEL / BAND 1

BAND 23
ORANIENBURG

BAND 24
NEURUPPIN

BAND 25
FREDERSDORF-VOGELSDORF

BAND 26
WILDESHAUSEN

BAND 27
GESTÜTE IN NEUSTADT/DOSSE

BAND 28
PRENZLAU

BAND 29
UNTERNEHMEN IN OSTBRANDENBURG

BAND 30
NEUENHAGEN BEI BERLIN

BAND 31
RATHENOW

BAND 32
LANDKREIS BARNIM

BAND 33
BRANDENBURG AN DER HAVEL / BAND 2

BAND 34
GANDERKESEE

BAND 35
STADTSCHLOSS POTSDAM / LANDTAG

BAND 36
BREMEN-SCHWACHHAUSEN

BAND 37
BERLIN-SCHÖNEBERG

BAND 38
STETTIN / SZCZECIN

BAND 39
GUBEN-GUBIN

BAND 40
NATIONALPARK UNTERES ODERTAL

Netze für
neue Energie
E.DIS investiert seit vielen Jahren in moderne und leistungsstarke Energienetze in Brandenburg und Mecklenburg-Vorpommern. So sichern wir eine zuverlässige und umweltfreundliche Energieversorgung in der Region. Der Anteil an grünem Strom im E.DIS-Netz beträgt bereits mehr als 90 Prozent.
www.e-dis.de
e.dis
e.dis
LOS EN 221